秘技！
スプリント打法
のすべて。

南出仁寛＆
岡本啓司

ゴルフダイジェスト
レッスン絵本

6 はじめに

第1章 そうか。これが走る動きで振るってことなんだ。

10 ほら、走る動きとスウィングは一緒でしょ
12 足踏みしながら腕を振るとスウィングになっちゃう
14 クラブを持って足踏みスウィング！
16 動かすのは脚だけ。これがキモです

第2章 いいスウィングはいいアドレスから

20 頭が左右にブレたら速く走れない。ゴルフも同じです
22 真っすぐ立つことがいい構えの条件です
24 2つの準備動作でいい構えができる。動きがよくなる
28 それではアドレスを作ってみましょう

30 骨盤を立てて構えていますか?
32 両つま先を60度に開いて構えよう
34 短い番手ほどつま先を閉じていく
36 胸を地面に向けておきましょう
38 タテ振りにはストロンググリップがピッタリです
40 スプリント打法　アドレス7つのポイント
42 コラム 1 シャフトは手元調子がおすすめ

第3章 スプリント打法を身につける

44 基本 迷ったらココ。3つの基本に立ち戻ろう。
46 テコの原理 1 テコの原理で楽ラク飛距離アップ
48 テコの原理 2 手元のテコ運動でヘッドをビュンと走らせよう
50 バックスウィング 1 右ひざをじわ~っと伸ばして始動する

52 バックスウィング2 両腕の三角形を保ってテークバック
54 バックスウィング3 フェースをボールに向けたまま上げていく
56 バックスウィング4 体重配分5対5のままスウィング
58 バックスウィング5 前傾角度をず~っとキープしましょう
60 トップから切り返し1 右ひざが曲がり始めるその瞬間が切り返し
62 トップから切り返し2 体を右に向けたままダウンスウィングスタート
64 トップから切り返し3 しゃがんで切り返すと手打ちが直ります
66 ダウンスウィング1 左脚をピンと伸ばしてダウンスウィング
68 ダウンスウィング2 右足1本、左足1本で打ってみよう
70 インパクト1 胸を下に向けて大きなクギを打ち込む
72 インパクト2 あなたの右かかとダウンで浮いていませんか?

74 インパクト 3 右ひじは曲げたままがいいんです

76 フォロー 両腕真っすぐの大きなフォローを目指しましょう

78 フィニッシュ 脚でスウィング。気持ちよくフィニッシュ!

80 アイアンとドライバーの違い どんなクラブもスウィングはみんな一緒

82 まとめ 1 スウィング正面

84 まとめ 2 スウィング後方

86 あとがき

付録

DVD 見て感じる動画レッスン

秘技!スプリント打法のすべて。

イラスト
岡田航也

写真
有原裕晶

デザイン
シトラス・インク

撮影協力
宝塚クラシックGC

ゴルフのスウィングは走る動きそのもの

こんにちは、ＰＧＡティーチングプロでドラコン日本チャンピオンの南出仁寛と、治療家でドラコンシニアチャンピオンの岡本啓司です。この本では、アマチュアゴルファーのみなさんが、ラクに飛距離を伸ばすための方法を紹介していきたいと思います。

え？　ドラコン選手のスウィングなんて、力のある人しかできないよって？　いやいやそんなことはありません。ボクたちが目指したのは、体への負担が少なく、老若男女、誰もが効率よく飛ばせる理論です。決して、パワーヒッターだけのものではないので安心してください。

確かに、ボク南出が初めて日本チャンピオンになった頃は、力任せで腰に負担をかけて打っていました。でも、それが原因でボクは座骨神経痛を患い、夜も寝られなくなってしまったのです。そこで出会ったのが、治療家の岡本先生です。それからボクは体のプロである岡本先生とふたりで、体に負担の少ない、合理的なスウィングを追求し始めました。

そんなとき、スケートのスプリント競技を見て閃《ひらめ》いたのです。

「この脚の使い方、腕の使い方は、ゴルフと一緒じゃないか！」

陸上の短距離走も同じでした。体幹部がねじられ、手足は速く大きく振られているのに頭は動いていない。足裏を地面に着けたまま走る動きを再現したら、まさにゴルフスウィングになるのです。

そう。スウィングは走る動きそのもの。走るように打つことこそが自然で、その人のポテンシャルを最大限に引き出すことができる。そのことに気づいた瞬間でした。実際、この動きを取り入れてから、ボクらの飛距離は確実にアップしていきました。そして、あれだけ悩んだ痛みも再発することはなかったのです。

脚を積極的に使い、走る動きでスウィングする。ボクたちはこの理論を「スプリント打法」と名づけました。飛ばしは力ではなくコツです。走るようにスウィングできれば、みなさんも今より小さな力で遠くへ飛ばすことができるようになるでしょう。スプリント打法で未体験の飛距離を手に入れてください。

南出仁寛＆岡本啓司

脚を使ってスウィングできれば
老若男女を問わず
誰でも飛距離を伸ばせます。

第1章

そうか。これが走る動きで振るってことなんだ。

ほら、走る動きとスウィングは一緒でしょ

CHECK

左脚を伸ばし
右脚を曲げて
ダウンからフォロー

人は走るとき、片方の脚を曲げ、もう片方の脚を伸ばすことで体全体を動かし、腕を振ります。ゴルフも同じ。バックスウィングでは右脚を伸ばして、左脚を曲げる。ダウンからフォローでは、左脚を伸ばして、右脚を曲げることで体を回し、腕を振るのです。脚というのは、体のなかでいちばん力が強い部位。そこを使ってスウィングすることで、より正確に、より遠くへボールを飛ばすことができるのです。

CHECK
右脚を伸ばし
左脚を曲げて
バックスウィング

CHECK
走るときにも
片方の脚を曲げ
片方の脚を伸ばす

足踏みしながら腕を振るとスウィングになっちゃう

［3ステップで足踏みスウィング］

ゴルフのスウィングは、走る動きそのものです。まずは、これを体感してみましょう。

クラブを持たずに前傾したら、その場で足踏みをしながら、リズムよく腕を振ります。

右足を踏んだら胸を右に向け、左足を踏んだら胸を左に向けてください。どうですか？ ゴルフスウィングのような動きになるでしょ？

STEP 1
クラブを持たずに前傾する

はじめに真っすぐ立って、クラブを持たずに構える。真っすぐ立つ方法と構え方は、第2章を参照。

STEP 2
その場で足踏みをしながら腕を振る

右足を踏んで胸を右に向け、左足を踏んで胸を左に向ける。この動きでリズムよく腕を振ってみよう。

STEP 3
つま先を着けたまま足踏みして腕を振る

つま先を地面に着けたまま同じ動きをすれば、ゴルフスウィングの動きとほとんど同じ！

走る動きでスウィングする感覚をつかみます

クラブを
持って足踏み
スウィング！

はじめはウェッジ
慣れてきたら
ドライバーで
やってみましょう

CHECK
ダウンで
左脚を伸ばして
クラブを振る

前ページの動作を、クラブを持ってやってみましょう。

その場で足踏みをするように、右脚を踏んで伸ばしてバックスウィング、左脚を踏んで伸ばして腕とクラブを振ります。

頭はなるべく動かさず、前傾角度をキープして、連続でスウィングしてください。これが走る動きでスウィングするという感覚です。

CHECK

頭を動かさず
右脚を伸ばして
バックスウィング

動きがわからない人は付録のDVDを参考にしてください

動かすのは脚だけ これがキモです。

――スプリント打法を身につけるうえで、注意すべきポイントは？

岡本　まず何よりも、いいアドレスを作ることが大切です。スプリント打法は、脚の曲げ伸ばしを動力にして、下半身のパワーで飛ばすスウィングです。でも、正しい構えができていないと、いくら練習しても、この動きが身につかないんです。

そして、いいアドレスを作るためには、真っすぐ立てるようになること、真っすぐ立った状態から構えることも大切。このあたりは軽視されがちなのですが、真っすぐ立てないと、いい構えも動きもできないので注意したいですね。

――正しい構えができたら、次は？

岡本　脚を曲げ伸ばす動作につられて、体全体が動く感覚をつかみたいですね。アマチュアの多くは手先でクラブを動かしがち。でも、それだとスピードも出ないし、正確性も落ちてしまいます。あくまで意識して動かすのは脚だけ。脚を動かすことで体全体が動かされ、腕やクラブが動かされることが大切なのです。

――手打ちの人にとっては、そのあたりが課題になりそうですね。

南出　そうですね。僕が教えていても、脚を一生懸命動かしているんだけど下半身と上半身が連動していないケースがよくあります。バックスウィングのとき、クラブが水平になったあたりで右脚が伸び切ってしまうような人は、下半身と上半身が連動していないと考えてください。

――そういう場合はどうすればいいですか？

南出　まずは正しい構えができているかをチェックします。そして、お腹に力を入れ、その力を抜かずにスウィングするんです。そうすると下半身の動きに上半身が連動しやすくなるはずです。

それでも上手くいかない場合は、意識的に体を右、左に向けるのもいいと思います。バックスウィングでは右脚を伸ばしながら体を右に向け、ダウンからフォローでは左脚を伸ばしながら体を左に向ける。それでまずは下半身と上半身が連動する感覚を覚えるんです。

ゴルフスウィングに体重移動はいらない

岡本　脚の曲げ伸ばしでスウィングするのがスプリント打法の基本ですが、同じくらい大切なのが、体重移動をしないということです。

――ゴルフスウィングでは、体重移動をするのが常識だと思われていますが、それは違うと？

南出　確かに、両足で体重計を踏んでスウィングすれば、バックスウィングでは右の体重計の数字が上がり、ダウンからフォローでは左の体重計の数字が上がると思います。

でも、それは足の裏に圧がかかっているだけのことなのです。この足の裏に圧がかかる現象を体重移動と呼んでいるのですが、決して体重を左右に移動しているわけではないんですよ。

――体重移動と、足の裏に圧がかかる現象との違いを教えてください。

岡本　歩く動きで考えるとわかりやすいと思います。右足の真上に上体を乗せて、右足に体重をかける。次に、左足の真上に上体を乗せて体重をかける。この動きを繰り返して歩いたら、上半身は右、左にブレてしまいます。これが体重移動をするということです。そんな歩き方をする人はいませんよね？　体重移動をしたら、普通に（上半身を揺さぶらずに）歩くことができないんです。

体の中心軸をブラさず真っすぐ歩くには、体重移動をしないで、左右の足で交互に地面を踏み、足の裏に圧をかけて歩く必要があるんですよ。

――ゴルフスウィングも同じだということですね。

岡本　はい。もし、バックスウィングで体重を右に移動し、ダウンからフォローで体重を左に移動すれば、上体が左右に揺さぶられ、軸はブレてしまいます。体の中心軸をブラさずにスウィングするには、体重移動をせず、その場で脚を曲げ伸ばす必要があるのです。

横に振ったらアウト
スプリント打法は
タテ振りが基本

胸を下に向けてスウィングする

南出 それと、スプリント打法は、横振りのイメージがあるうちは上手くいかないので注意したいですね。

――横振りというのは？

南出 たとえば、肩を水平に回そうとしている人などは、横に振るイメージが強すぎます。

真っすぐ立った状態でスウィングするなら体を水平に回せばいいのですが、前傾して構えているのですから、その前傾角度を崩さず、前傾角どおりに体を回す必要があるわけです。そして、前傾角度を崩さずにスウィングするには、体をタテ回転させるイメージが必要になるのです。

――タテに振るコツなどはありますか？

南出 まずは、アドレスとインパクトゾーンで胸を下（地面）に向けるように意識してみてください。そうすると、前傾角度を保ちやすく、タテ振りの感覚が出しやすくなるはずです。イメージとしては、ストレート・トゥ・ストレートの軌道でパッティングストロークをするような感じですね。

ただ、いくらタテに振るといっても、体を垂直に回すわけではありません。あくまで、前傾角度どおりに振ることが大切です。タテに振れというと、体をタテに回しすぎる人や、無理やり手でタテに振ろうとする人がいるので注意してください。

――①脚でスウィングする。②体重移動をしないで（体の中心軸をブラさずに）打つ。③前傾角度を変えずに、タテ回転でスウィングする。この3つが、スプリント打法の基本と言えそうですね。

南出 そうですね。これから詳しく説明していきますが、その3つを基本にしてテコの原理を上手に使うと、小さな力で大きく飛ばすことができるようになるのです。

第2章

いいスウィングはいいアドレスから

頭が左右に ブレたら 速く走れない。 ゴルフも同じです。

×　頭がブレる

走るとき同様、ゴルフスウィングも頭を左右にブラしてはいけない

○　頭がブレない

走るとき、頭を左右に振る人はいません。頭がブレたら速く走ることができないからです。

ゴルフも同じ。頭を左右に動かせば、素早く回転できなくなってしまいます。だから、頭を動かさず、その場で体を回す。これが大切です。そして、そのためには、その場で回転しやすい（体の中心軸がブレない）構えを作る必要があるのです。

真っすぐ立つことがいい構えの条件です。

こんな立ち方していませんか？

つま先体重で体が反っている

猫背になって背中が丸い

ズボンのサイドの縫い目が真っすぐになっていればOKです!

正しい構えを作るには、真っすぐ立った状態からセットアップに入ることが大切。真っすぐ立てないと、バランスよく構えることができないので注意してください。まずは、写真のような姿勢ができているかどうかチェックしてみましょう。

○
これが真っすぐ！
POINT 3
かかとの真上に、腰、胸、頭が乗っている
POINT 2
腰から下を鉛直（重力に対して真っすぐ）にする
POINT 1
かかとに体重をかける

2つの準備動作で いい構えができる 動きがよくなる

くする準備動作

1 真っすぐ立ったら、腕を真横に（水平に）伸ばす

2 腕の付け根から腕を後ろに回し、手のひらを空に向ける

右腕の次は左腕
両腕いっぺんではなく
片腕ずつ行ってください

1 腕を動かしやす

アドレスを作る前に、ちょっとした準備動作をやってもらいたいと思います。

ひとつは、肩関節をニュートラルなポジションにセットして、1腕を動かしやすくする動作。もうひとつは、2首が回りやすくなる動作です。アドレスに入る前に、この2つの動作をしておくと、いいアドレスが作れるようになるだけでなく、スムーズに動きやすくなるのです。

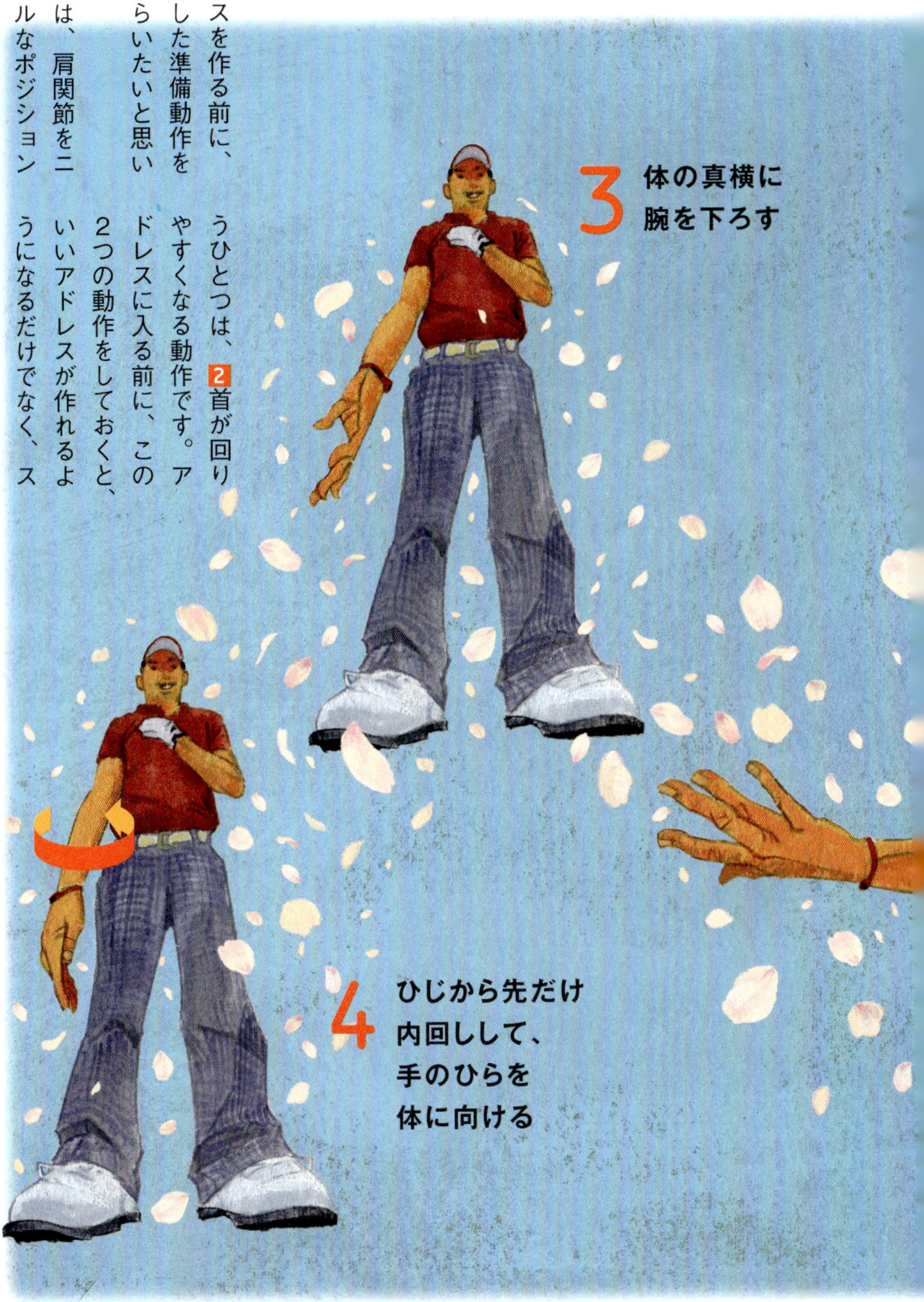
3 体の真横に腕を下ろす
4 ひじから先だけ内回しして、手のひらを体に向ける

2 体が回りやすくなる首の準備動作

2 そこからアゴを引いて、顔を正面に向ける

この動作をすると
首の可動域が広がって
体が回りやすく
なるんです!

1 真っすぐ立った状態から、
上体を動かさず、
首を後ろに倒す
（首、肩の力抜いて、
後ろにもたれる）

それでは アドレスを 作って みましょう

真っすぐ立てるようになったら、実際にアドレスを作ってみます。前ページでやった2つの準備動作は、アドレスに入る前に済ませておきましょう。

[アドレスの作り方]

真っすぐ立って、スタンスを肩幅程度に広げる

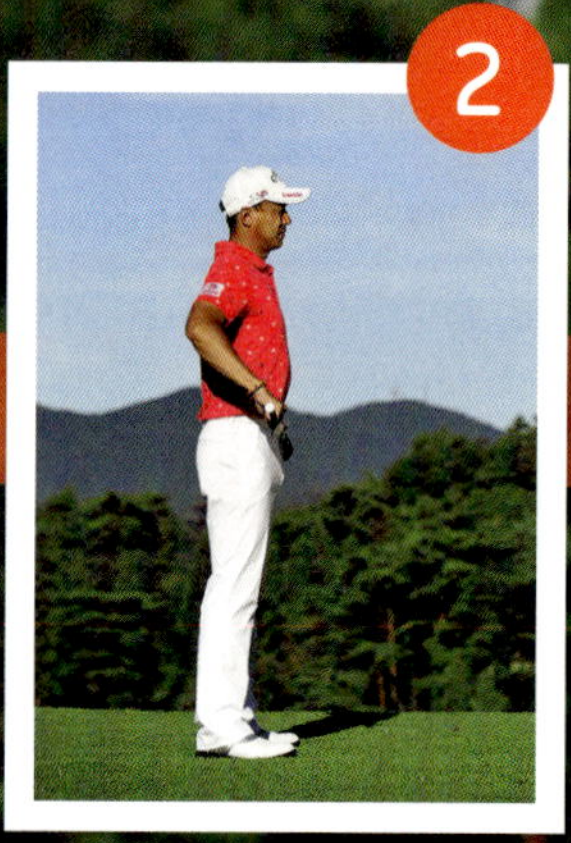

クラブをお腹に押し当てる

クラブにお腹をつけたままお腹でクラブを包み込むように前傾

この手順で構えると
いいアドレスが
作れます！

5

4

軽く両ひざを曲げ
腕を垂らして
クラブを持つ

骨盤を立てて構えていますか？

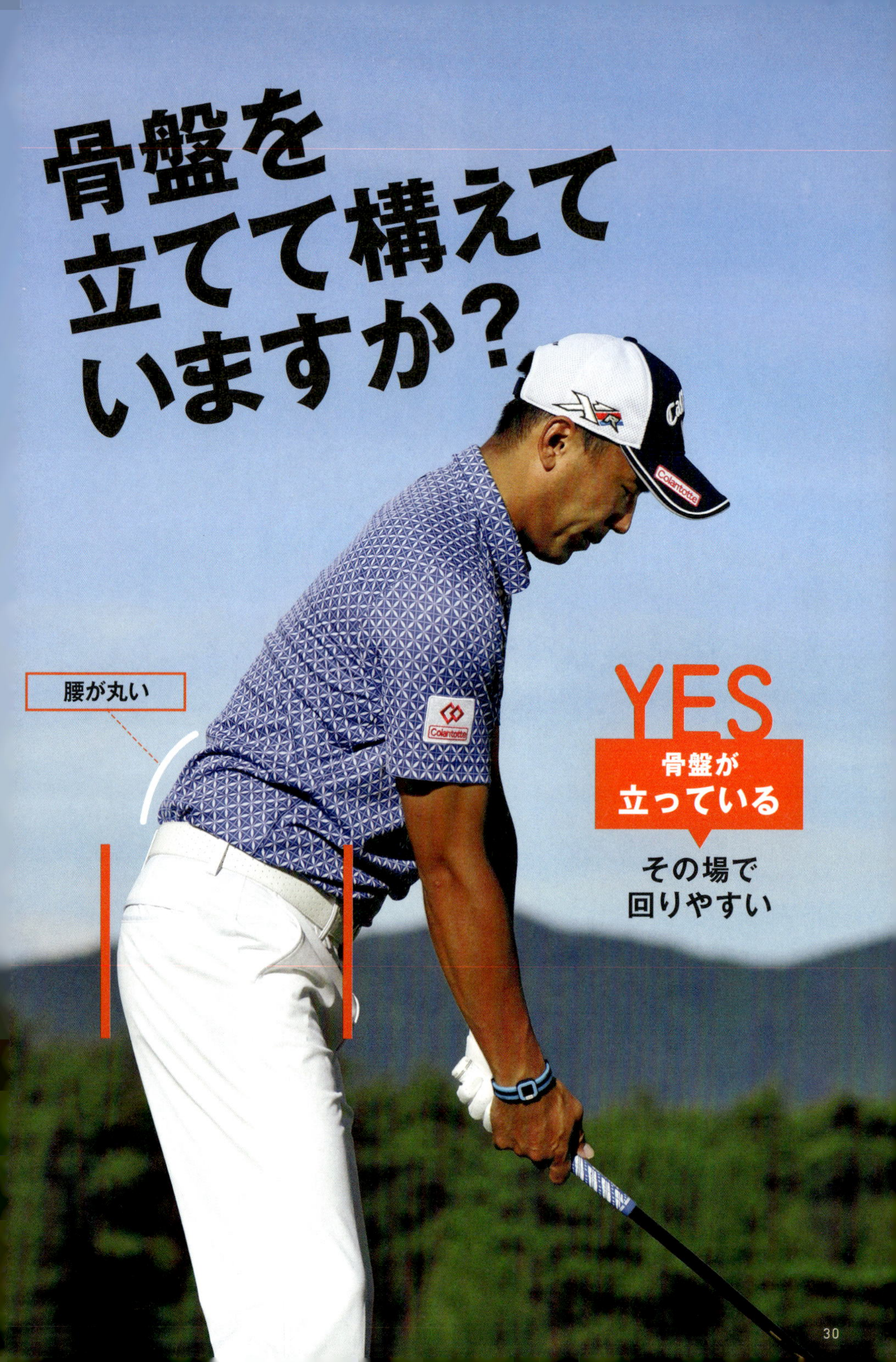
腰が丸い
YES
骨盤が立っている
その場で回りやすい

前ページの手順でアドレスしたら、骨盤の角度をチェックしてみましょう。その場で回転しやすい（体の中心軸がブレない）構えを作るためには、骨盤を立てたまま、腰を丸くして構えることが大切です。

腰を反らせず
丸く見えるように
構えてください

骨盤を前に倒し、腰を反らせてしまうと、その場で体を回しにくくなるだけでなく、腰痛の原因にもなるので注意！

腰が反っている
NO
骨盤が
倒れている
その場で
回りにくい

両つま先を60度に開いて構えよう

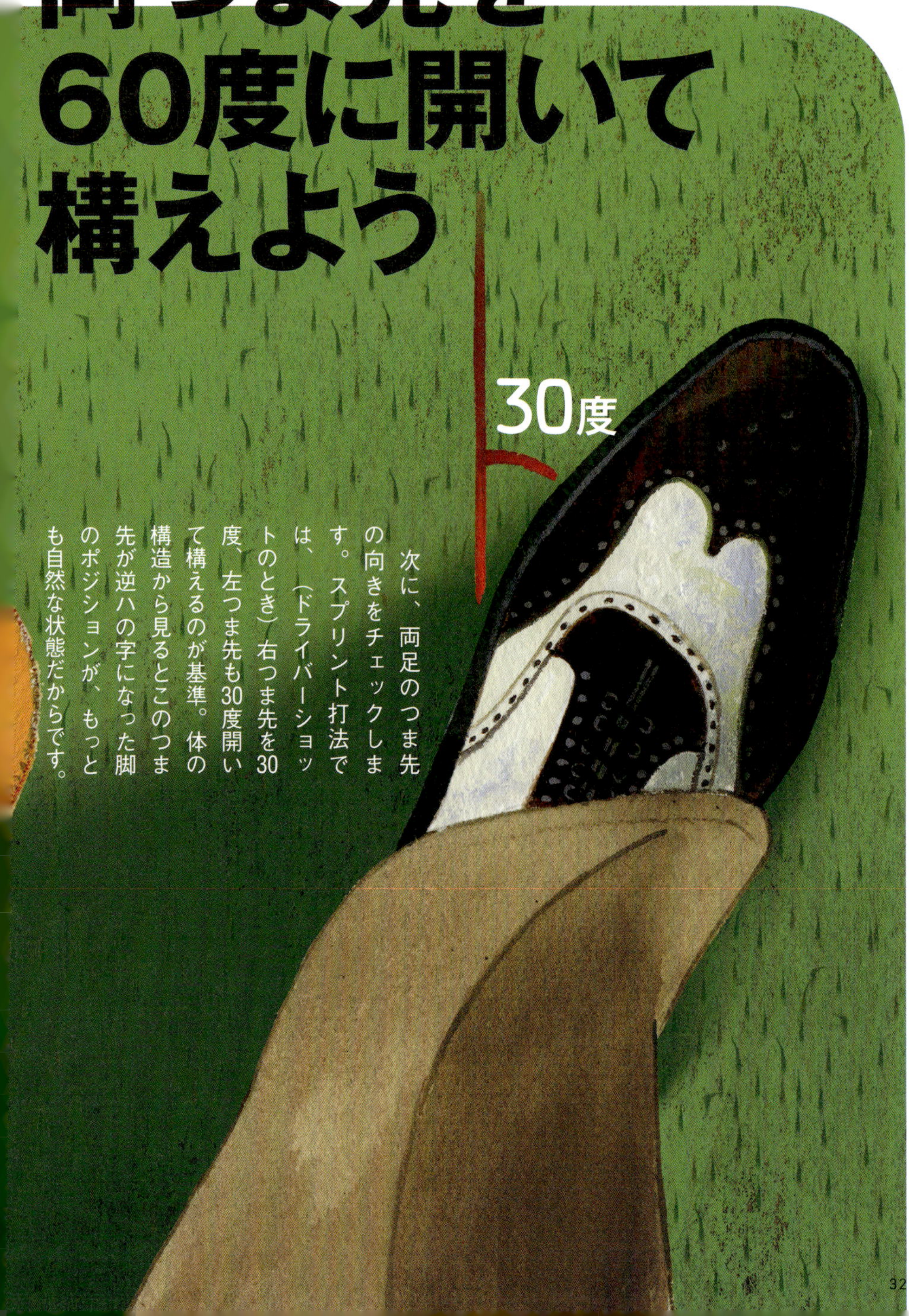

次に、両足のつま先の向きをチェックします。スプリント打法では、（ドライバーショットのとき）右つま先を30度、左つま先も30度開いて構えるのが基準。体の構造から見るとこのつま先が逆ハの字になった脚のポジションが、もっとも自然な状態だからです。

両つま先を開くことで
体が回りやすくなる
効果もあります

左右同じだけ開くのは、左右対称の動きがしたいから。走る動きが左右対称になるように、スウィングも左右対称が基本なのだ。

短い番手ほどつま先を閉じていく

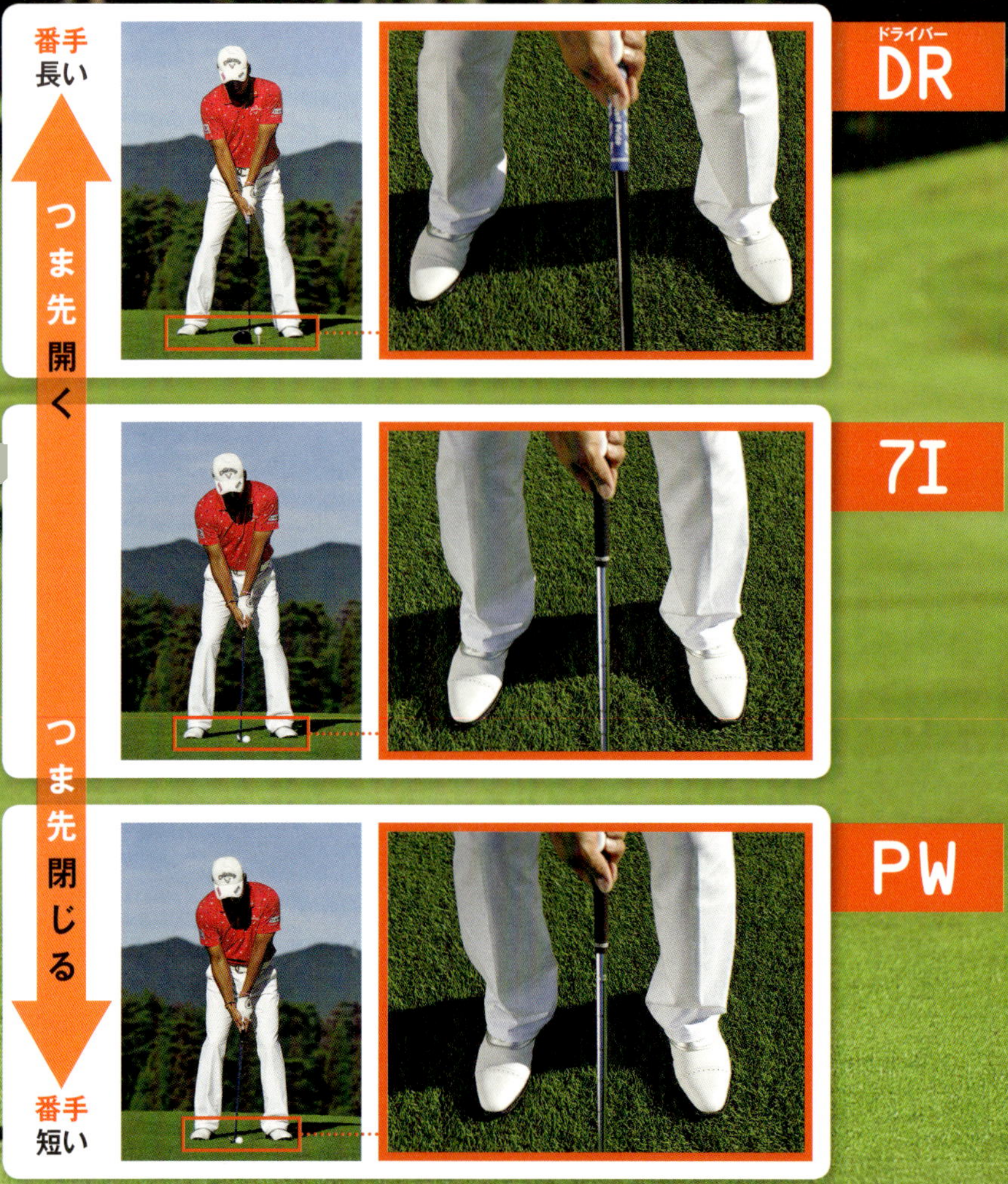
番手長い
つま先開く
つま先閉じる
番手短い
DR《ドライバー》
7I
PW

飛距離を求めるドライバーショットでは、体が回りやすくなるように、左右のつま先を30度ずつ開きます。

でも、アイアンショットは飛距離よりも正確性が求められるため、番手が短くなるほど、スタンスを狭くするとともに、両つま先を閉じていくとよいでしょう。

つま先を閉じることで、自然にスウィングがコンパクトになり、コントロールショットも容易になる。

胸を地面に向けておきましょう

胸が下を向いている

胸が上を向いている

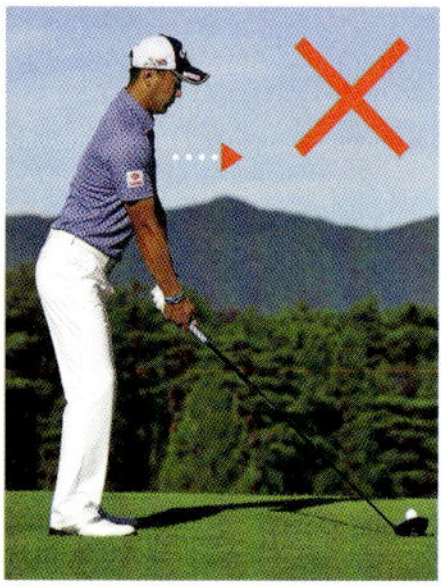

胸を張り、胸を体の正面に向けた構えは、体が起き上がって、前傾角度が崩れやすい。

スプリント打法では、胸を下（地面）に向けて構え、胸を下（地面）に向けてインパクトします。そうすることで、前傾角度が保ちやすくなるとともに、バランスよくスウィングできるからです。

相撲でも、胸が下を向いた力士と、胸が上を向いた力士がぶつかれば、前者のほうが強い。ゴルフも同じです。

胸が上に向いてしまうと、安定したスウィングができなくなるので注意してください。

胸が
上
弱い
相撲だって
胸が下を向いて
いるほうが
強いんですよ
胸が
下
強い

タテ振りにはストロンググリップがピッタリです

フェースローテーションが
大きくないと球がつかまらない

タテ振りに合わない

フェースローテーションが
小さくても球がつかまる

タテ振りに合う

胸を下に向けて構え、胸を下に向けてインパクトするスプリント打法は、クラブがタテ回転に近くなります。ボクたちは、これをタテ振りと呼んでいますが、タテ振りをするためには、左手をストロングに握ることが大切です。クラブはタテに振るほどフェースローテーションが小さくなります。小さなフェースローテーションで球をつかまえるには、つかまりのいいストロンググリップで握る必要があるのです。

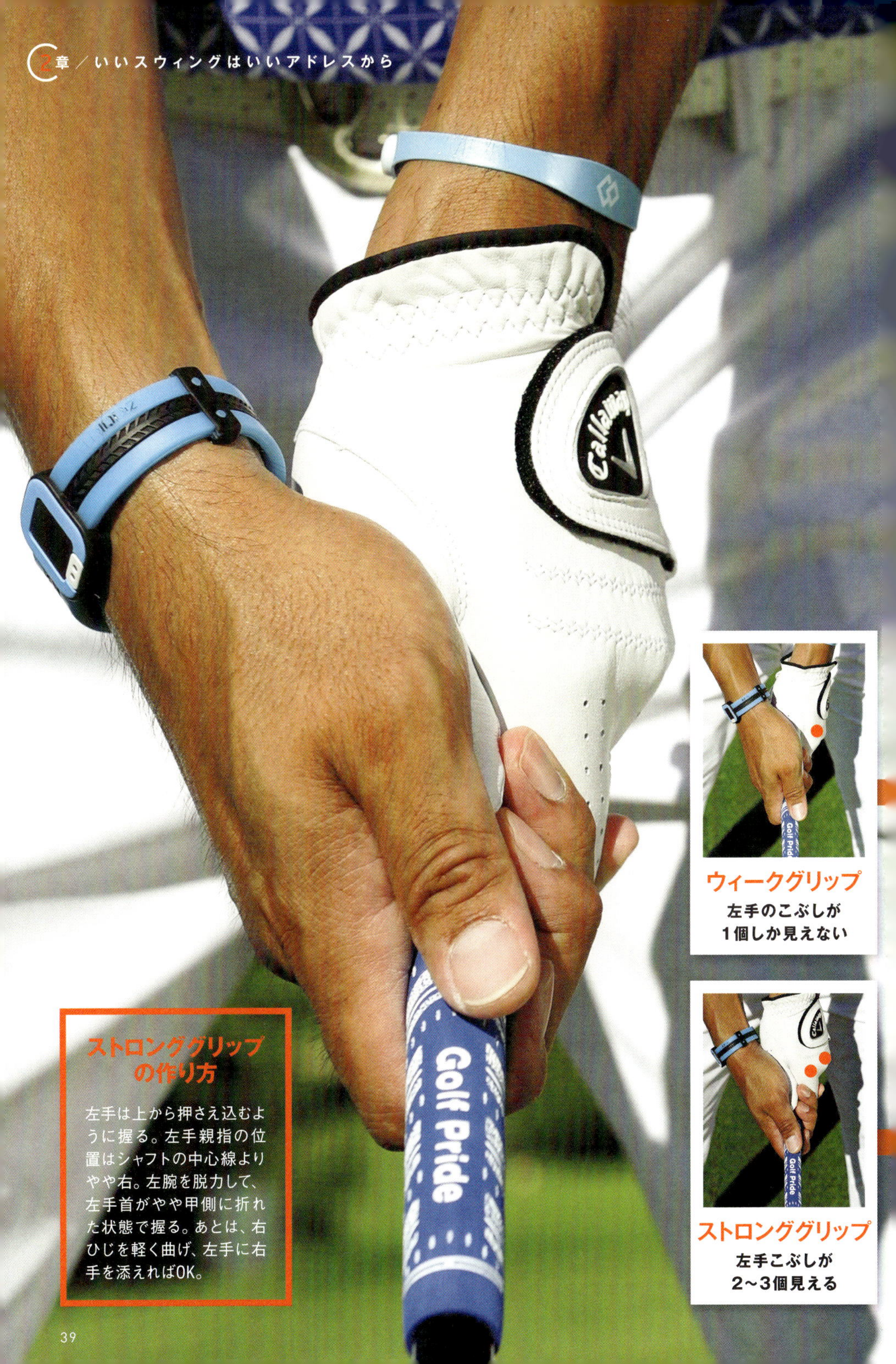

ストロンググリップの作り方

左手は上から押さえ込むように握る。左手親指の位置はシャフトの中心線よりやや右。左腕を脱力して、左手首がやや甲側に折れた状態で握る。あとは、右ひじを軽く曲げ、左手に右手を添えればOK。

ウィークグリップ
左手のこぶしが
1個しか見えない

ストロンググリップ
左手こぶしが
2～3個見える

スプリント打法 アドレス
7つのポイント

POINT 1
真っすぐ立ってから構える
（P22参照）

POINT 2
腕の準備動作をする
（P24参照）

POINT 3
首の準備動作をする
（P26参照）
POINT 4
骨盤を立てて腰は丸く
（P30参照）
POINT 6
胸を下に向ける
（P36参照）
POINT 7
左手はストロンググリップ
（P38参照）
30度
30度
POINT 5
両つま先は60度に開く
（P32参照）

COLUMN 1

シャフトは手元調子がおすすめ

スプリント打法と相性がいいのは、手元側でしなりを感じて、中間～先端の剛性が高いシャフトです。手元側がしなることでダウンのタメが作りやすくなるとともに、中間から先端がしっかりしていることで、当たり負けせず、球を強く押すことができるのです。

※写真のシャフトは、右からツアーAD DI-7（グラファイトデザイン）、ディアマナ プロトタイプ（三菱レーヨン）、ツアースティック K's（ヤードスティック）

第3章

スプリント打法の完成

スプリント打法を身につける

基本

迷ったらココ3つの基本に立ち戻ろう。

スプリント打法の基本は、大きく分けて3つあります。1つめは、脚を曲げ伸ばす動きでスウィングすること。2つめは、体の中心線をブラさず、体重移動を抑えてその場でスウィングすること。3つめは「タテ振り」を目指すことです。スウィング作りに迷ったら、この3つを思い出すようにしてください。

基本 1 脚の曲げ伸ばしでスウィングする

右足を踏んで伸ばしてバックスウィング。左足を踏んで伸ばしてダウンスウィングする動きが、スプリント打法の基本動作だ。

基本 2

体の中心線をブラさない

走るときと同じように、体の中心線をブラさずにスウィングする。そのためには、体重移動を抑えてスウィングする必要がある。

基本 3

前傾角度を崩さずタテ回転する

アドレス時に前傾した体の中心線を軸に体を回すことで、パッティングのようなアップライトでストレートに近い軌道のスウィングを目指す。

テコの原理 1

テコの原理で楽ラク飛距離アップ

3つの基本とともに、大事にしているのが、テコの原理を利用するということです。ひとつは腰におけるテコの動き、もうひとつは、手元におけるテコの動き。この2つの動作ができるようになると、小さな力で大きく飛ばすことができるのです。まずは、腰におけるテコの動きから説明しましょう。

腰のシーソー動作を意識してみよう

バックスウィングでは、右脚を伸ばす動き（P50参照）によって、腰の中心を支点に、腰の右側が高く、左側が低くなる。ダウンからフォローにかけては、左脚を伸ばす動きによって、腰の中心を支点に、腰の左側が高く、右側が低くなる。腰がシーソーのように上下する動きを目指そう。

この動きがシャフトのしなりを作るんです
支点（腰の中心）
ダウンからフォロー
右腰が低く
左腰が高くなる

テコの原理 2

手元のテコ運動でヘッドをビュンと走らせよう

次に、手元におけるテコの動きを説明しましょう。

まず、ダウンでは右手が左手の上にあります。そこからインパクトにかけて左脚を伸ばすと（P

3 ヘッドが急激に加速して走る

しなり戻りに合わせて手元のテコを使う

腰のテコの動きでシャフトをしならせ、それがしなり戻るタイミングに合わせて手元のテコの動きを使う。すると、ヘッドが走って、驚くほどのスピードが出るのだ。

66参照）、右手を支点に、体の左サイドが上に向かいます。するとその瞬間、手元にテコの原理が働き、ヘッドが「ビュン」と走って、驚くほどのスピードが生まれるのです。この動きは、両手を離して（スプリットハンドで）クラブを握ると理解しやすいでしょう。

1 ダウンでは右手が左手の上にある

2 右手を支点に体の左サイドが上に向かう

バックスウィング 1

右ひざをじわ〜っと伸ばして始動する

ここからは、ポジション別のポイントを説明していくことにしましょう。まず、テークバックは、右ひざを伸ばすことでスタートします。

腕や体を動かす意識は必要ありません。意識して動かすのはあくまで右ひざだけ。右足で地面を踏んで、ゆっくり、じわーっと右ひざを伸ばす動きで始動するのです。

右ひざを伸ばせば体は自然に回る

人間の体は、どこかを動かすと別のどこかが連動して動く。正しい構えができていれば、右ひざを伸ばすことで自然に骨盤が右に回転し、それにつられて上体、腕、クラブが順に動き出すのだ。

バックスウィング 2

両腕の三角形を保ってテークバック

1 両腕が作る三角形を保ち右ひざを伸ばす

3 右ひざを伸ばすと自然に体が回る

スウィングを始動するときに意識してほしいのは、右ひざを伸ばすことと、アドレス時に作った両腕の三角形をキープすることです。

テークバックでは、肩と手首の力を抜くことが大切。手元に対してヘッドが少し遅れて上がっていれば、ちゃんと脱力できている証拠です。

2
手元に対して
ヘッドが少し
遅れて上がる

4
右ひざが
伸びていく
ところに注目！

バックスウィング 3

フェースをボールに向けたまま上げていく

スプリント打法では、バックスウィングで手元が腰の高さに来るあたりまでフェースを閉じ気味に使い、フェースをボールに向けておきます。そして、そこからトップまでは、フェースを地面に向けながら上げていってください。

フェースを
閉じ気味に
上げていきます

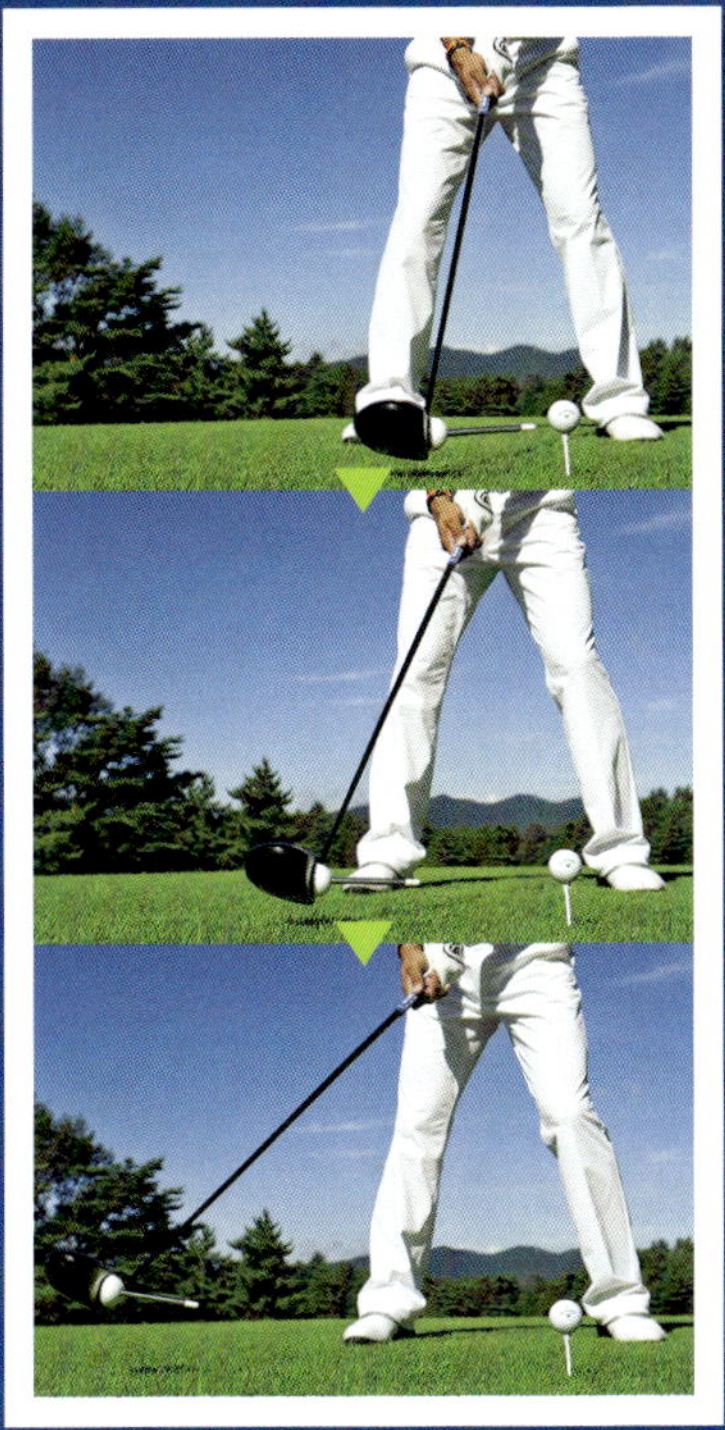

フェースをボールに向けたまま上げていこう。

フェースは結果的に空を向く

実際には、手首のコックが入るので、トップでフェースは空を向く。しかし、自分の意識としてはフェースを地面に向けたまま上げ、結果的に空を向くようにしたい。

現代のヘッドの大きなドライバーは、いったんフェースが開くと、元に戻りにくいので、終始フェースを閉じ気味にしておくほうが、効率のよいインパクトを迎えやすい。

バックスウィング　4

体重配分 5対5のまま スウィング

体の中心軸をブラさずにスウィングできれば、回転スピードも上がるし、正確にボールをとらえることができます。そのためには、体重移動を抑える必要があります。アドレスで、体重を左右均等にかけて構えたら、その体重配分を変えずにスウィングしてください。

右足には圧がかかるだけ

バックスウィングすると右足の裏に圧はかかるが、体重が右に移動しているわけではないので注意。

体重移動を意識する

軸がブレる

体重移動をしない

軸がブレない

バックスウィングで体重を右に移動させる意識があると、軸がブレてしまう。体重移動を抑え、その場でスウィングする。

5

バックスウィング 5

前傾角度をず~っとキープしましょう

バックスウィングからトップにかけては、前傾角度が保たれているかチェックしてください。胸を下に向けて構えたら、右ひざを伸ばしながらバックスウィング。そして、右ひざが完全に伸び切ったところがトップ・オブ・スウィングです。

胸を下に向けて構えることで、前傾角度が保ちやすく、タテ回転のスウィングになる。

トップまで
前傾角度を
変えないように
してください

右脚が伸びたら そこがトップ

右脚が完全に伸び切ると、腕は時計の9～11時くらいの位置まで上がる。そこがトップだ。南出がフルスウィングすると、手がかなり高い位置まで上がるが、これは筋力と柔軟性があるため。そこまで上げる必要はない。

トップから切り返し 1

右ひざが曲がり始めるその瞬間が切り返し

曲がり始めが切り返し

左脚を伸ばしてインパクトへ向かう

右ひざを伸ばしてバックスウィングし、右ひざが完全に伸び切ったら、そこがトップ。そして、伸びた右ひざが曲がり始め、左ひざが伸び始める瞬間が切り返しです。

このとき、クラブはまだ上方向（トップ方向）に動いていますが、体は下方向へと向かいます。この動きによって手首がコックされるとともに、体幹部がねじれ、大きなパワーが生まれるのです。

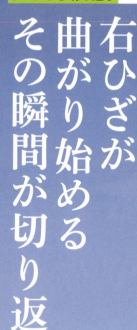

足踏みする動きで切り返そう

その場で足踏みをしながらスウィングすると（P13参照）、右脚が伸び切って曲がり始める瞬間がある。そこがダウンスウィングのスタートだ。

右脚が伸び切ったらトップ

クラブが上、体が下に動くことでねじれのパワーが生まれるんです！

トップから切り返し 2

体を右に向けたまま ダウンスウィングスタート！

切り返しでは、クラブと上半身をトップの位置に置いたまま、下半身だけを切り返す意識があるといいでしょう。クラブがトップまで上がったら、上半身を右に向けたまま（クラブをかついだ状態のまま）、下半身だけをアドレスの位置に戻すのです。

クラブは勝手に下りてくる

クラブと上半身をトップの位置に置いたまま、下半身だけをアドレスの位置に戻すと、その瞬間に体がねじれ、それが戻ろうとする力によって、勝手にクラブが下りてくる。決して、手先の力で下ろしてはいけない。

手で
下ろしては
いけません!
クラブが
トップまで
上がったら

しゃがんで切り返すと手打ちが直ります

手の力を使わなくてもクラブが下りる

クラブをトップの位置に置いたまま（上半身を右に向けたまま）両ひざを曲げ、体を沈み込ませるようにしゃがむ。すると、手の力を使わなくても、クラブがスムーズに下りてくる。

ダウンスウィングは、手の力で下ろしてはいけません。手の力に頼ればスピードは出ないし、クラブが外から下りてきて、スライスや引っかけの原因になるからです。そんな手打ちの人は、「しゃがむ動き」で切り返してみるとよいでしょう。

胸を右に向けたまま
体を沈み込ませて
その場にしゃがみ
込むんです!

ダウンスウィング 1

左脚をピンと伸ばしてダウンスウィング

左脚を伸ばし クラブを 加速させる

下半身から切り返してクラブが下り始めたら、左足を踏んで伸ばす動きでクラブを加速させ、インパクトを迎える。

下半身をアドレスの位置に戻す動き、もしくは、その場でしゃがむ動きで切り返したら、ダウンで意識するのは、左脚を伸ばすことだけ。胸を下に向け、体重を左右均等にしたまま（体の中心線を前後左右にブラさずに）左脚を伸ばし、インパクトを迎えてください。

体重移動はしないでください

ダウンでも体重移動は0。その場で左脚を伸ばす。ダウンで体重を左へ移そうとすると、軸が左へズレ、ボールを正確に力強くとらえられなくなってしまうので注意しよう。

体重移動しない

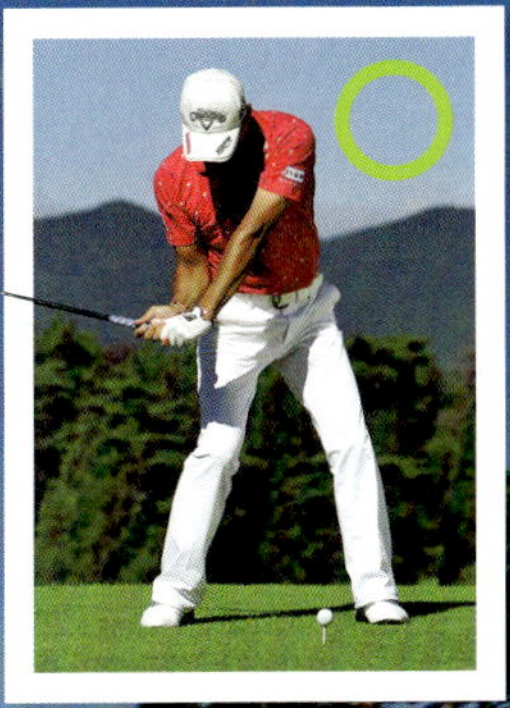

体重を左へ移す

ダウンスウィング 2

右足1本 左足1本で 打ってみよう

体重移動を抑えてスウィングする感覚を身につけるには、右足1本、左足1本で球を打つドリルが効果的。これで打てるようになれば、体重移動を0にして、体の中心軸をブラさずに打つ感覚が自然に身につくでしょう。

[左足1本打ち]

右足1本よりもバランスを取るのが難しいので、クラブは7〜8番アイアンを使う。ボールは体の真ん中に置いて、バランスを崩さないように、いつもよりコンパクトなスウィングで打とう。

右足1本は
ドライバー
左足1本は
アイアンで
練習します

[右足1本打ち]

使用クラブはドライバー。ボール位置は体の真ん中よりも少し左。

インパクト 1

胸を下に向けて大きなクギを打ち込む

正確に、力強くボールをとらえるには、前傾角度を保ってスウィングすることが大切です。そのためには、胸を下（地面）に向けた状態でインパクトしてください。このとき、大きなクギを目標方向に打ち込むようなイメージでスウィングすると、真っすぐ長いインパクトゾーンを作ることができるでしょう。

胸を下に向け前傾角度をキープしよう

アドレス同様、インパクトゾーンでも、胸を下に向けた状態を意識する。そうすることで前傾角度が保たれ、ボールを上から強くとらえることができる。胸が上を向くと体が起き上がり、前傾角度が崩れるので注意。

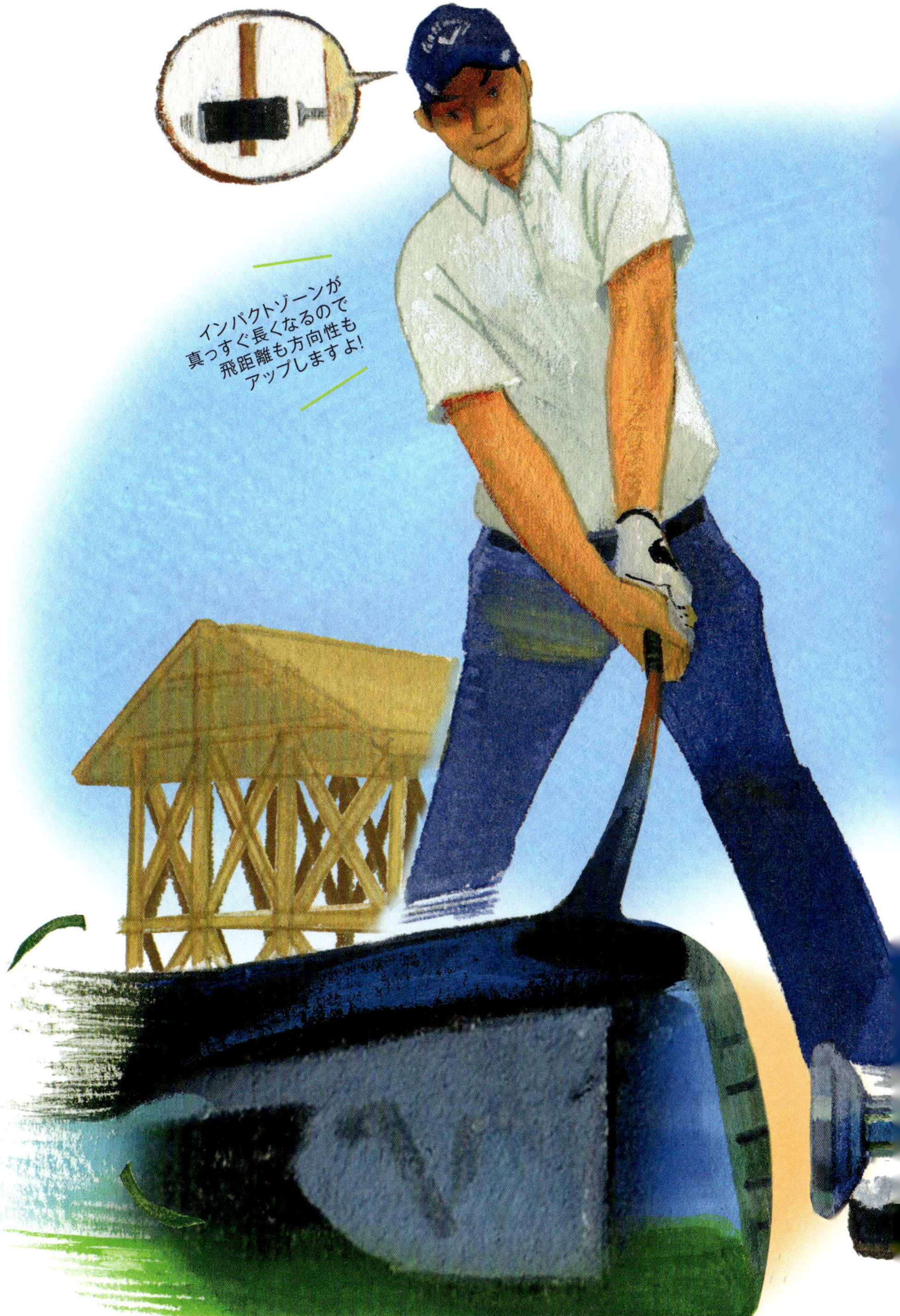
インパクトゾーンが
真っすぐ長くなるので
飛距離も方向性も
アップしますよ!

インパクト 2

あなたの右かかとダウンで浮いていませんか？

スプリント打法ではベタ足のインパクトが基本です。重量挙げをするときや綱引きをするとき、両足で踏ん張らないと力が入らないように、両足が地面に着いていないと強いインパクトは作れないのです。

体重移動しない	体重移動する
脚の曲げ伸ばしで打つ	コマのように回って打とうとする
ベタ足で打てる	ベタ足で打てない

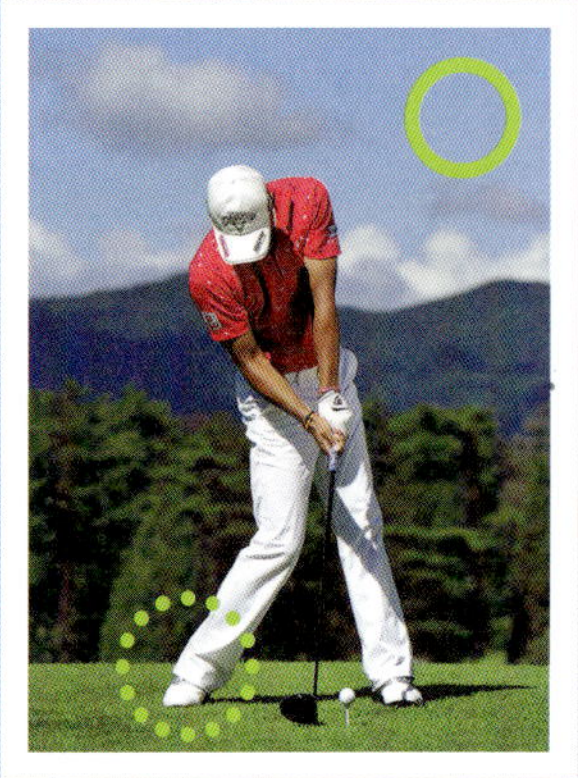

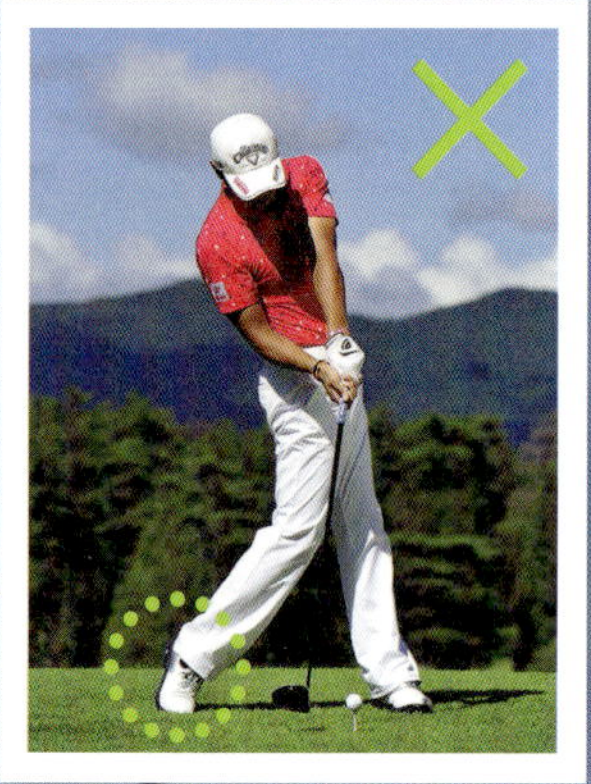

ベタ足でインパクトするには、体重移動を抑え、その場で脚を曲げ伸ばしてスウィングすることが大切。コマのように体を回そうとしたり、左へ体重移動しようとすると、右かかとはダウンで浮いてしまう。

打った後は
右かかとが
上がってもOKです
インパクトまで
右かかとを
地面に
着けておく

インパクト **3**

右ひじは曲げたままがいいんです

シャフトをしならせ、そのしなり戻りのエネルギーをボールに伝えるためには、切り返しで作られた右ひじの角度をキープしたまま（右ひじを曲げたまま）インパクトすることが大切です。右ひじを曲げたままインパクトすることで、ボールを強く押すことができるのです。

右ひじを伸ばす

力が入らない

右ひじを曲げる

力が入る

腕を曲げたほうが力が入りやすい

たとえば、自分の右サイドに立っている人を押すとき、右ひじを伸ばしているよりも曲げているほうが力が入りやすいはず。ゴルフも同じなのだ。

体が起き上がる人は右ひじが伸びている

インパクトで前傾角度が崩れ、体が起き上がる人は、右ひじが伸びている可能性が高い。体が起き上がると、飛距離、方向性ともに悪くなる。右ひじを曲げて使おう。

この角度を
キープしたまま
インパクトする

フォロー

両腕真っすぐの大きなフォローを目指しましょう

フォロースルーでは、両腕が真っすぐに伸びて、腕とクラブが一直線になるのが理想です。

フォローで左ひじが引けたり、両腕がすぐにたたまれてフォローが小さかったりするのは、手先にムダな力が入っている証拠。そのままでは、スピードも方向性もロスしてしまうので注意してください。

野球の野手がボールを投げるイメージです

できるだけクラブをソフトに握り、ヘッドを目標のやや右方向に放り出すようにスウィングする。野球の野手がボールを投げるようなイメージでクラブをリリースできれば、自然に両腕の伸びた大きなフォローになる。

手元ではなくヘッドを前に出す

手を前に出してしまうと振り遅れてつかまらない。ヘッドを放り出すイメージが必要だ。

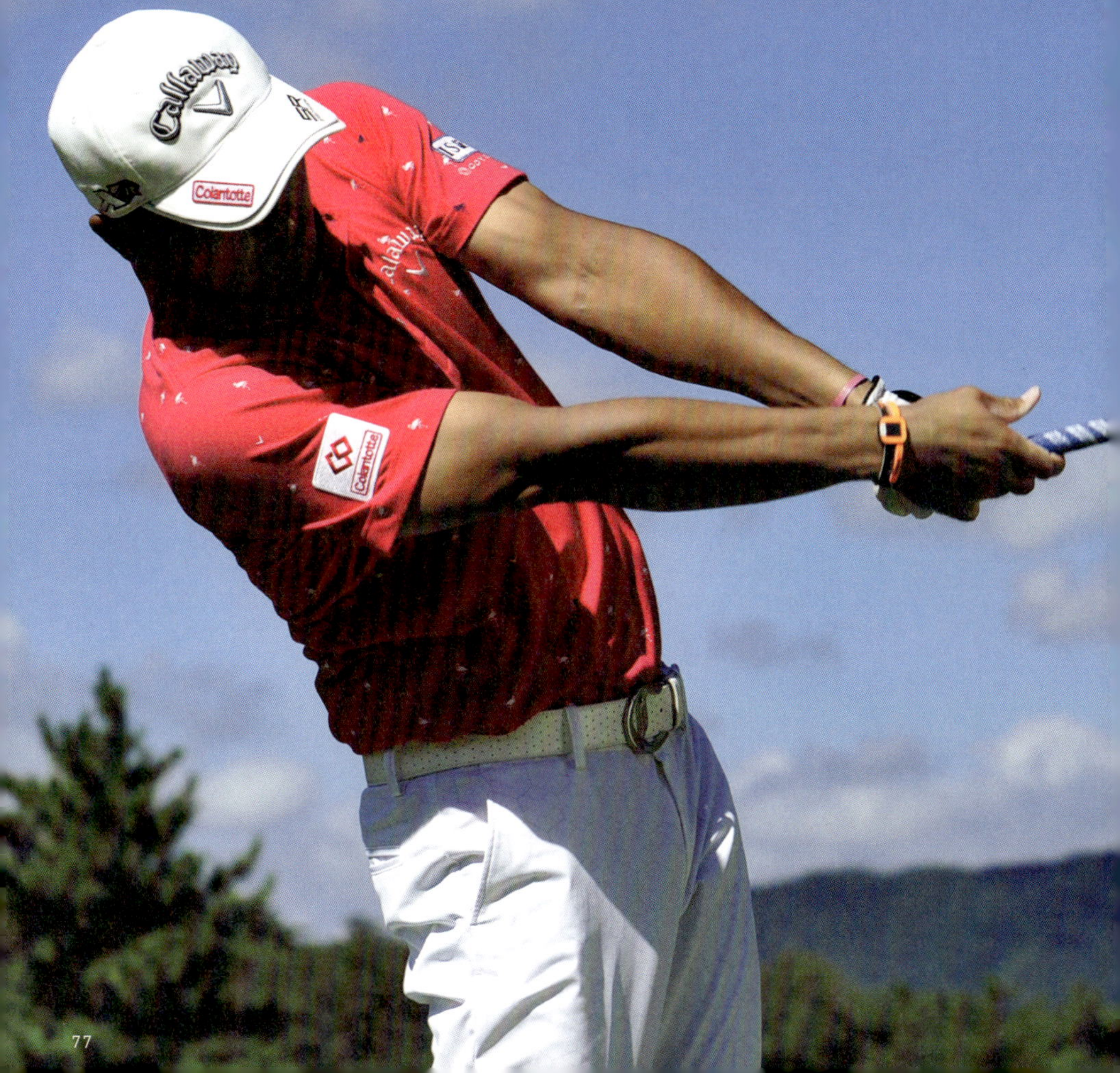

フィニッシュ

脚でスウィング気持ちよくフィニッシュ！

基本的には、フォローからフィニッシュで動きを意識することはありません。あくまでクラブの勢いに任せて、自然に振り切ることが大切です。気持ちよく振り切れない人は、上体（とくにグリップ）にムダな力が入っていないか、脚を曲げ伸ばす動きと上体が連動しているかどうか、もう一度チェックしてみてください。

ピタッと
フィニッシュが
決まったら
いい動きができた
証拠ですよ!

体重は真ん中もしくは左足の上

フィニッシュでは、体重は体の真ん中。もしくは、左足の上に乗る。右に残りすぎたり、バランスを崩したりするのは、上体にムダな力が入って、脚と上体が連動していない証拠だ。

DRとIRONの違い

どんなクラブもスウィングはみんな一緒

基本的に、ドライバーもアイアンもスウィングは同じです。

アイアンは、クラブが短くなるぶん前傾角度が深くなり、ボールを右に置くため、上から打つイメージが強くなりますが、動き自体は同じだと考えてください。違うのは、構えと脚を動かす量だけ。番手が短くなるほどスタンスを狭くして、つま先を閉じていく。そして、脚を曲げ伸ばしする量を少なくしていくのです。

ドライバー　5I　ウェッジ

ボール位置

ドライバーは、左かかと線上あたり（それより少し右でもOK）。アイアンはスタンスの真ん中より少し左。ウェッジはスタンスの真ん中

スタンス幅

番手が短くなるほど狭くする

つま先の向き

ドライバーは、両つま先を30度ずつ広げて逆ハの字にする。アイアンは、番手が短くなるほどつま先を閉じていく

脚を使う量

番手が短くなるほど、脚を曲げ伸ばす量を少なくする

SWING COLLECTION
正面

1
両つま先を
30度ずつ
開く
ストロング
グリップで
握る
【アドレス】

2
両腕が作る
三角形を
キープ
右脚を
伸ばして
始動
【バックスウィング】

5
左脚を
伸ばしていく
ダウンでも
体重移動は
しない
【ダウンスウィング】

6
ヘッドを
目標のやや右に
投げ出して
いく
【インパクト】

3
トップ
4
SWING COLLECTION
後方
アドレスの前傾角度をキープ
切り返し
7
フォロー
8
バランスよく立っている
フィニッシュ

1
胸を
地面に
向ける
骨盤を
立てて
腰は丸く
体重は
かかとに
かける
[アドレス]

2
フェースを
ボールに
向ける
右脚を
伸ばす動きで
始動
[バックスウィング]

5
胸を
地面に
向けていく
[ダウンスウィング]

6
インパクトまで
右かかとを
上げない
[インパクト]

老若男女すべての人に飛距離と笑顔を

私、岡本啓司の本業は、鍼灸整体師です。私の元には、ゴルフをすると腰が痛くなる、ひざが痛くなるという悩みを持った患者さんが大勢いらっしゃいます。楽しいはずのゴルフで体を傷めてしまう……。それはとても残念なことです。しかし、そんな方々にこそ、スプリント打法を試してもらいたいと、私は思います。

私たちのスプリント打法は、人間の体をその構造どおりに使って効率よく飛ばす、物理的に理に適ったスウィング理論です。それは結果的に、小さな力で大きな飛距離を得られるだけでなく、体への負担が小さく、故障の少ないスウィングと言えるからです。

私は、この理論で飛距離が出るようになり、ドラコン選手として成績を出すことができました。しかし、スプリント打法は、決してドラコン専用のスウィングではありません。老若男女を問わず、小さなパワーで大きな飛距離を引き出せる。それこそがスプリント打法の本分なのです。この本を読んでくれたみなさんがスプリント打法で飛距離を伸ばし、笑顔で楽しくプレーする日を迎えることを、私たちは望んで止みません。

――岡本啓司

やっぱりゴルフは飛んだほうが楽しいでしょ？

ゴルフにはさまざまな理論があります。そのなかには、人によって合うものと合わないものもあるでしょうし、伝わることと伝わらないことがあるでしょう。だからスプリント打法だけが正しくて、他が間違っているなんて考えていません。どれを選んでもいいと思うし、すべてが正解だと思っています。でも、もし今より飛ばしたいと思うなら、ちょっとだけでいいからスプリント打法を試してもらいたいなぁと思います。

なぜなら、ボクたちはこれで飛ぶようになったし、これができれば、みなさんの飛距離を伸ばせると信じているからです。なんだかんだ言ったって、ゴルフは飛んだほうが楽しいですよね。そのお手伝いができたらボクたちはとても嬉しいなぁと思うのです。

——南出仁寛

最後になりましたが、この本を出版するにあたって、その機会をくださったゴルフダイジェスト・メディアラボの中村信隆さん、そして、いつもボクたちふたりを応援してくださる（株）ケン・コーポレーションの福田健蔵代表取締役社長に、深く御礼申し上げます。

——南出&岡本

●著者
南出仁寛&
岡本啓司

秘技!
スプリント打法
のすべて。

2017年3月30日　初版発行

著者　　南出仁寛&岡本啓司
発行者　木村玄一
発行所　ゴルフダイジェスト社
〒105-8670　東京都港区新橋6-18-5
☎03-3432-4411(代表)
☎03-3431-3060(販売部)
e-mail gbook@golf-digest.co.jp
URL www.golfdigest.co.jp/digest
書籍販売サイト「ゴルフポケット」で検索

印刷・製本　大日本印刷株式会社

価格はカバーに表示してあります。乱丁、落丁の本がございましたら、
小社販売部までお送りください。送料小社負担でお取り替えいたします。

ISBN 978-4-7728-4173-3 C2075

※本書は、週刊ゴルフダイジェストの連載『南出くんと岡本くん
800Yコンビのスプリント打法』を、改稿、加筆して再構成しています。
※付録DVDは、週刊ゴルフダイジェスト(2014年5月13・20日合併号)の
特別付録を再編集しています。